AF267897

EXTRAIT

DE L'AVENIR

DU **15** NOVEMBRE **1831**.

A PARIS,

AUX BUREAUX DE L'AGENCE GÉNÉRALE, POUR LA
DÉFENSE DE LA LIBERTÉ RELIGIEUSE,

rue Saint-Germain-des-Prés, N° 10 bis.

1831.

PARIS, IMPRIMERIE DE POUSSIELGUE, RUE DE SÈVRES, N. 2.

EXTRAIT

DE L'AVENIR

DU 15 NOVEMBRE 1831.

SUSPENSION DE L'AVENIR.

Il y a aujourd'hui treize mois que quelques hommes entreprirent de défendre deux grands biens, la religion et la liberté. Ils étoient en petit nombre, pauvres et sincères. Ils n'avoient servi aucune puissance de ce monde; nul parti ne les avoit comptés dans ses rangs, et leur cœur n'étoit pas moins libre que leur mémoire; car ils n'avoient foi en aucun parti et en aucun gouvernement. Ils avoient gardé toute leur foi pour Dieu, et, dans leur devise, à côté de son nom, ils ne placèrent qu'un autre nom venu du Ciel avec le sien. Ainsi se trouva renouée dans les temps modernes une antique alliance.

Le petit nombre d'hommes qui avoient renoué cette alliance étoient catholiques. Ils dirent à leurs frères que la religion n'avoit pas péri avec le trône, et qu'il étoit temps de chercher pour elle dans les peuples un plus solide appui. Ils dirent que le salaire du clergé étant devenu, de l'aveu même du pouvoir, non plus la juste indemnité d'une spoliation sanglante, mais le gage de la servitude, il ne falloit plus orner l'autel avec cette boue. Ils dirent au clergé: « Ministres de celui qui naquit

"

dans une crèche et mourut sur une croix, remontez à votre origine, retrempez-vous volontairement dans la pauvreté, dans la souffrance, et la parole du Dieu souffrant et pauvre reprendra sur vos lèvres son efficace première. Sans aucun autre appui que cette divine parole, descendez, comme les douze pêcheurs, au milieu des peuples, et recommencez la conquête du monde. Une nouvelle ère de triomphe et de gloire se prépare pour le christianisme. Voyez à l'horizon les signes précurseurs du lever de l'astre, et, messagers de l'espérance, entonnez sur les ruines de tout ce qui passe le cantique de vie. » (1)

En même temps qu'ils donnoient ces sévères conseils, ils défendoient chaque jour, contre les entreprises du pouvoir, les libertés religieuses; ils flétrissoient un à un tous les actes d'intolérance par lesquels les nouveaux fonctionnaires prétendoient donner des gages de leur dévoucment, et une croix n'a pas reçu d'insulte, une église n'a pas été violée sans que leur voix se soit fait entendre. Ils étoient pénétrés d'une double douleur à la vue de ces actes de barbares : chrétiens, ils en souffroient comme on souffre de tout attentat à ce que l'on vénère ; Français sincèrement attachés à la liberté, ils en souffroient encore par le dommage que cette conduite inconséquente apportoit à la cause des peuples, et il étoit impossible que, sous le poids de cette double affliction, leur langage ne fût souvent amer. Médiateurs entre la liberté et la religion, ils relevoient d'une main les pierres saintes déjà tombées; ils protégeoient de l'autre celles qui ne l'étoient pas encore; ils invitoient les vainqueurs et les vaincus à se pardonner mutuellement les injures passées; mais les injures se renouvelant tous les jours à cause de l'i-

---

(1) *L'Avenir* du 18 octobre 1830.

gnorance et des passions, ils étoient forcés par leur haine
même pour la discorde, et par la conscience du but désin-
téressé auquel ils tendoient, à parler une langue dont l'é-
nergie égalât le mal que tant de coupables actions contre
la liberté religieuse faisoient à la France.

Une occasion solennelle de réclamer avec cette liberté
le bonheur du pays se présenta bientôt. Le pouvoir oubliant que la Charte avoit séparé l'Eglise de l'Etat, et oubliant aussi les crimes qu'il avoit commis ou soufferts
contre l'Eglise, nomma un évêque au siége de Beauvais.
Nous nous souvînmes à la fois de la Charte et des maux
de nos frères ; persuadés que la nomination des chefs
spirituels des peuples par les gouvernements étoit l'une
des premières causes de tous les malheurs de l'Europe,
par suite du mépris où elle jette la religion et de la faci-
lité qu'elle donne aux princes d'opprimer dans la conscience toutes les vérités, nous nous élevâmes contre le
choix de l'évêque de Beauvais, qui tendoit à perpétuer,
malgré la nouvelle révolution, un ordre de choses intro-
duit sous François Iᵉʳ et relevé par Napoléon. Le pouvoir sentit bien que nous avions touché le point capital de
la question entre lui et la liberté : il fit traduire trois
d'entre nous devant la cour d'assises. Le catholicisme,
amené à la barre du pays, réclama sa part dans la liberté commune, et le jury lui accorda la première justi-
fication judiciaire qu'il ait obtenue au dix-neuvième
siècle.

Nous ne songions pas uniquement à ce qui touche
la liberté religieuse. Conséquents en tout aux principes politiques que nous avions proclamés à notre
début, nous ne croyons pas qu'un seul Français puisse
nous reprocher, pendant les treize mois de notre existence, une seule infidélité à cette devise : LIBERTÉ EN TOUT
ET POUR TOUS. Nous avions les premiers jeté dans la

polémique de la presse ces principes d'une liberté universelle, principes que l'esprit de parti a depuis exploité selon ses intérêts, et devant lesquels le vieux libéralisme a reculé, mais principes qu'une jeunesse sincère adopte avec amour. Dans l'ordre religieux, la séparation complète de l'Eglise et de l'Etat; dans l'ordre électoral, le suffrage universel, mais combiné avec des institutions communales et provinciales qui arrachent le vote des citoyens aux intrigues des partis, et leurs intérêts au despotisme de la centralisation : dans l'ordre de la pensée et de l'éducation, la liberté absolue de l'enseignement. Nous offrions ainsi le vrai moyen d'unir toutes les opinions qui déchirent la France : aux libéraux, la plus magnifique réalisation de leurs doctrines; aux royalistes, le secret d'une réconciliation complète avec tous les besoins du pays, et la seule voie par où leur bannière pût redevenir celle de la France si d'autres trahissoient leurs destinées.

Dieu et les hommes nous sont témoins si nous avons violé une seule fois ces principes dans l'application, s'il est une seule cause juste que nous n'ayons défendue, un seul opprimé que nous n'ayons protégé par toutes les armes que nous avions entre nos mains, un seul attentat du pouvoir que nous n'ayons dévoilé et flétri. Lors du procès des ministres, nous nous élevâmes avec toute l'autorité que nous donnoit notre amour sincère de la liberté contre des vœux sanguinaires. Nul ne protesta alors plus haut que nous contre le déshonneur qui menaçoit la patrie, ni plus tard contre des propositions odieuses qui tendoient à renouveler des proscriptions réprouvées par le monde entier contre une famille que l'infortune a deux fois consacrée.

Nous ne nous contentâmes pas de cette polémique, à laquelle la France est malheureusement accoutumée comme au terme de la résistance légale. Appliquant, à nos propres risques, cet axiome, que LA LIBERTÉ NE SE DONNE PAS, MAIS SE PREND, on nous a vus opposer une résistance active et constitutionnelle à une légalité despotique ; on nous a vus, arrachés par la force de notre domicile, défendre pied à pied, pendant cinq mois et demi, le domaine de la liberté, et changeant tout à coup de rôle, traîner la corruptrice de l'humanité naissante devant le premier tribunal du royaume, d'accusés y devenir accusateurs, la condamner à entendre dévoiler sa honte, à échanger contre trois cents francs de profit une ignominie jusqu'aujourd'hui sans exemple, et à recevoir la flétrissure d'une de ces victoires qui tuent le vainqueur.

Constitués d'une manière officielle et publique en *agence*, nous avons dévoué notre existence à protéger toutes les libertés contre toutes les atteintes qu'elles subissent chaque jour (1). Les Capucins d'Aix, les Trappistes de Melleray,

---

(1) On lisoit aujourd'hui dans *la Quotidienne* :

AU RÉDACTEUR.

Grolley, le 12 novembre 1831.

Monsieur,

J'ai l'honneur de vous exposer que, malgré ma sollicitude à me conformer aux lois, je suis en butte à l'arbitraire le plus acharné ; ma vie, ma religion, ma liberté individuelle, et l'inviolabilité de mon domicile sont menacées ; ma patience et ma fermeté ont résisté jusqu'à ce jour, mais il me faut en outre une légitime défense. En conséquence, M. le Rédacteur, je vous supplie très humblement de me faire connoître, sans délai, l'adresse de l'Agence générale pour la défense de la liberté religieuse.

J'ai l'honneur d'être, etc.   PIRALLE-THÉODORE.

Nous nous faisons un devoir de répondre à notre corres-

et beaucoup d'autres ecclésiastiques sont là pour attester
que nos efforts n'ont pas toujours été impuissants , ni le
nom que nous avions pris un mensonge. Quand le ministère, continuant la série de ses sacriléges, a fait cro-
cheter les portes de nos églises pour y jeter les corps de
ses apostats, nous le poursuivîmes à outrance , et nous
eûmes la gloire de défendre notre illustre pontife contre
la théologie des salariés du pouvoir. Nous eûmes aussi la
gloire de déterminer le noble clergé de Beauvais à reje-
ter, par une démarche éclatante , le complice du sacrilége
qu'on lui octroyoit comme évêque, et à porter aux pieds
du souverain Pontife , malgré des lois oppressives , une
protestation que le Vicaire du Christ a sanctionnée par
son arrêt suprême. Plus tard , lorsque le ministère mit
à l'encan les restes de l'archevêché de Paris respectés par
les forçats, nous ouvrîmes une souscription pour le réta-
blissement de ces ruines saintes , et la volonté seule de
notre vénérable archevêque arrêta l'hommage que tous
les catholiques de France alloient apporter à ses pieds.

Nous ne parlons pas de ce que nous faisions tous les
jours pour la défense de nos frères , ouvrant sans réserve
les colonnes de *l'Avenir* à toutes les plaintes et à toutes
les réclamations des opprimés ; ne laissant jamais sans
réplique les attaques et les calomnies des journaux minis-
tériels ou prétendus libéraux contre l'épiscopat et la religion ; obligeant ces journaux à changer de langage et à
établir un contraste frappant entre celui qu'ils tiennent
aujourd'hui et celui qui remplissoit leurs feuilles sous la
restauration ; enfin livrant un combat sans relâche pour
notre foi et nos autels , dans un temps où la foi n'avoit en

---

pondant qu'il peut s'adresser rue Saint-Germain-des-Prés,
n° 10 bis, pour réclamer le secours de l'Agence générale.

France nul organe qu'elle osât nommer, et où nul parti ne connoissoit d'autres autels que ceux de ses passions et de ses intérêts.

Nous dirons un mot de ce que nous avons fait pour la cause de la liberté et du catholicisme dans les pays étrangers, parce que ce mot aujourd'hui sera un hommage à de grandes infortunes.

La Belgique avoit donné le premier exemple d'un soulèvement catholique, au dix-neuvième siècle, contre l'oppression de l'hérésie : nous lui avons consacré un ardent et inépuisable amour, depuis la première aurore de sa gloire jusqu'aujourd'hui où, par un nouveau décret de la Providence, elle languit mutilée dans les bras de la diplomatie européenne.

L'Irlande vivoit devant Dieu grande de souffrance et de foi, mais presque ignorée de nous. Nous avons révélé à la France tous les détails du spectacle sublime qu'elle offre à Dieu, et quand la famine revint la ravager, quand le moment fut venu de faire un appel à la charité française, nous le fîmes, et nous eûmes le bonheur de verser près de quatre-vingt mille francs entre les mains d'un métropolitain d'Irlande. Un synode d'évêques irlandais nous a décerné des actions de grâces solennelles avec le titre de VÉRITABLEMENT CHRÉTIENS (1).

La Pologne s'étoit ébranlée et s'apprêtoit à mourir pour la liberté et la foi. A peine le bruit de sa glorieuse révolution fut-il parvenu jusqu'à nous que nous l'accueillîmes par un cri de foi fraternelle, d'espérance, hélas ! trop vaine, d'amour sans bornes. Tant que dura le martyre de cette noble nation, nos prières, nos pensées, nos cœurs furent à elle ; pas une de ses gloires ni

______

(1) Voyez les résolutions des évêques de l'Irlande occidentale, dans *l'Avenir* du 11 novembre 1851.

de ses infortunes n'a échappé à notre tendresse, et si jamais nous pouvons voir son tombeau, nos larmes ne seront mêlées d'aucun remords; nous aurons la conscience de lui avoir consacré toutes les forces que Dieu nous avoit données, nous n'aurons pas murmuré d'affreuses prières pour demander la ruine des dernières espérances du catholicisme sous le ciel du nord. Les envoyés de la Pologne nous ont témoigné, en son nom, sa reconnoissance, par un acte trop honorable pour ne pas le rappeler, surtout depuis que la Pologne n'est plus (1).

En Allemagne, nous portâmes quelque secours aux catholiques tombés dans l'engourdissement et dans les ser-

---

(1) *Aux membres de* l'Agence générale *signataires de la pétition pour la Pologne.*

La pétition annoncée par *l'Avenir* du 26 juillet et que M. le comte de Montalembert a eu la complaisance de nous communiquer, vient enfin d'être lue à la Chambre des députés, reproduite par les vœux des habitants de Breux, de Sales près Alby, de Menil-Hubert, de Domfront et de Lohuec. Elle vient d'y être agréée par une immense majorité et adressée au président du conseil.

Espérons qu'elle produira son effet; mais ce qui est hors de doute, c'est qu'elle a concilié à ses dignes auteurs toute la reconnoissance d'une nation qui sait apprécier les preuves de bienveillance, d'autant plus qu'elle sent le besoin d'être consolée des dédains et des refus dont on l'abreuve d'autre part.

Vous, Messieurs, qui avez voulu placer vos noms pour représenter les vœux des catholiques de France en faveur d'une cause que vous défendez avec tant de zèle et de persévérance, que vos paroles éloquentes et chaleureuses recommandent à l'intérêt de toutes les ames généreuses, recevez au nom de la nation polonaise le tribut de la reconnoissance qui vous est due à si juste titre. Quel que soit le sort qui l'attende, qu'il soit prospère ou adverse, cette nation n'oubliera jamais les noms de ses amis et de ses défenseurs. C'est vous assurer, Messieurs, que les vôtres ne cesseront de vivre dans le souvenir des Polonais.   Le général **KNIASIEWICZ.**

Paris, le 13 septembre 1831.   **L. PLATER.**

res des concordats interprétés avec les traditions de Joseph II.

Tous ces efforts en France et à l'étranger n'avoient pas été sans fruit. Le courage des catholiques s'étoit réveillé ; ils comprenoient les avantages d'une lutte ouverte contre l'oppression, et de toutes parts s'est organisée à notre voix une résistance forte comme la justice et intrépide comme la foi. D'un autre côté, de nombreuses préventions se dissipoient, des hommes qui n'avoient aimé long-temps qu'un des deux grands noms qui président à notre vie publique, oubliant que la liberté ne peut rien toute seule, s'étonnèrent de ce que l'histoire des siècles auroit pu leur apprendre, c'est à dire de l'alliance intime qu'il y avoit entre la liberté et la religion. D'éclatantes conversions se sont faites, et ceux qui sont revenus ainsi au sein de l'Eglise n'ont pas craint d'avouer que *l'Avenir* les y avoit ramenés. Des cœurs jeunes, trop long-temps vides, s'emparoient avec ardeur de nos doctrines, s'approchoient avec amour de nous : chaque jour le catholicisme faisoit de nouvelles conquêtes dans le parti de la jeunesse et de l'espérance. Il y avoit même des hommes connus qui comprenoient et adoptoient nos idées, et peut-être le jour n'étoit pas loin où la cause de la religion eût été plaidée à la tribune nationale par des voix long-temps habituées à se taire sur elle ou à l'attaquer.

Enfin à peine venions-nous, à la barre de la Cour des Pairs, de parler un langage purement catholique, un langage qu'aucune assemblée législative n'avoit entendu en France depuis les Etats généraux de 1614, et de le parler sans que nul sarcasme, nulle dérision s'échappât des lèvres de nos adversaires ; à peine cette mission étoit-elle remplie, que la Providence nous en assigne une autre peut-être plus grande encore. Des solitaires dont le nom s'associe à tout ce que la religion rappelle de plus touchant et de plus sublime deviennent les victimes des vils agents d'un pouvoir égaré ; expulsés de leur domicile, les Trappistes transfèrent sur nos têtes leurs infortunes et leurs droits; et ce ne sont pas seulement les tribunaux qui retentiront de cette cause, les députés de la France la jugeront en première instance, car une requête du père abbé de Melleray en a déjà saisi la Chambre, et la liberté religieuse, après avoir revendiqué ses droits devant des législateurs héréditaires, va maintenant les plaider devant les élus du peuple.

Voilà ce que nous avons fait dans treize mois, voici maintenant ce que l'on a fait contre nous.

D'abord étourdis par la franchise de nos allures et la brusquerie de nos paroles, de sourds murmures s'élevèrent de tous les points du pays où la servitude avoit conservé des apôtres ou des disciples.

Bientôt une vaste conspiration s'ourdit. Des journaux se chargèrent des premiers coups. Les uns, qui affectoient une sympathie presque complète pour nos doctrines, travaillèrent contre elles par leur silence ; les autres, en tête desquels il est juste de placer l'ancien *Ami de la Religion et du Roi*, par un système de calomnies dont l'astuce et la bassesse sont restées jusqu'ici sans exemple.

Tandis que des hommes complètement étrangers à nos opinions, et à qui nos espérances ne pouvoient inspirer que de la pitié, rendoient cependant justice à la pureté de nos intentions et à la franchise de nos paroles, ceux qui prioient au pied des mêmes autels que nous, alloient partout noircissant nos noms. Long-temps leurs menées mystérieuses nous furent inconnues ; car nous, simples et chrétiens, nous pensions qu'on nous combattroit avec des armes pareilles aux nôtres, et nous ne supposions pas, pendant que nous luttions au grand jour et que la publicité étoit l'ame de notre œuvre, qu'il y eût des hommes occupés à ramasser dans les ténèbres et dans la boue d'odieuses calomnies. Il faut maintenant les forcer, ces calomnies, à lever le front devant nous.

On commença par nous imputer une haine implacable pour la dynastie exilée, un acharnement sans bornes contre ses membres, par cela seul qu'ils étoient rois et Bourbons, et jusqu'à des injures personnelles et imprimées contre eux.

Et nous, nous pouvons à juste titre défier qui que ce soit de montrer dans nos colonnes une parole qui outrage les droits sacrés de l'infortune, une parole qui insulte même au passé, dans tout ce qu'il a de personnel à ceux qui expient maintenant sur une terre étrangère des torts que nous nous sommes toujours plu à regarder comme des erreurs. Encore une fois nous défions qui que ce soit de citer une ligne qui s'écarte du devoir qui nous étoit imposé de montrer le doigt de Dieu dans les ruines royales, de proclamer que la religion pouvoit survivre à un trône ; de dire, en un mot, comme Bossuet et le psalmiste : *Et nunc, reges, intelligite ; erudimini, qui judicatis terram.*

Ce n'étoit rien encore. Il s'est trouvé des hommes qui, pour se venger d'une différence d'opinion, pour nous punir d'avoir froissé leurs préjugés, n'ont pas craint, attaquant jusqu'à la vie privée de ceux d'entre nous qui sont prêtres, d'inventer des faits qui impliqueroient la violation des premiers devoirs de leur état. Il est des reproches qu'une certaine dignité défend de réfuter; il y a des hommes qu'il faut aller chercher trop bas dans l'infamie pour ne pas les y laisser toujours. Passons.

Après avoir noirci notre vie privée, ces mêmes hommes ont été colporter que nous faisions une scission déplorable parmi les catholiques de France; que nous semions partout un esprit de révolte et d'incrédulité; que nous voulions le mariage des prêtres ; et que surtout nous étions en pleine rébellion contre les évêques de France.

Et nous, nous poursuivions paisiblement notre route, recevant de toute part des témoignages de l'heureux effet de nos doctrines sur des ames long-temps étrangères à la foi, écoutant avec bonheur le récit des conversions édiantes qui s'effectuoient, rappelant l'antique discipline, l'antique doctrine de l'Eglise, faisant de notre journal comme un sermon quotidien ; et quant à ce qui touche nos évêques, persévérant à leur égard dans les voies de la docilité catholique.

Ce n'est pas tout encore. On a été jusqu'à nous imputer des desseins de révolte contre Rome, oui, contre Rome ! Elle nous a déjà condamnés, selon ces interprètes de ses lois, et si la sentence n'est pas promulguée, c'est que Rome est convaincue comme eux que nous n'attendons que ce moment pour lever la bannière de Luther. Nombre de gens ont déjà même arrangé leurs dates ; tel jour nous serons schismatiques, tel autre hérétiques ; et alors, grâces au Ciel, l'Eglise de France saura à quoi s'en tenir sur ses prétendus défenseurs.

Et nous, pendant que la frénésie de nos ennemis s'élevoit ainsi au plus haut point, nous faisions acte d'une soumission sans réserve. En déposant aux pieds du saint Père l'exposition complète de nos doctrines qui renferment celle de son infaillibilité, et en jurant d'avance de rétracter tout ce qu'il condamneroit, nous pensions en avoir assez fait pour réduire au silence la plus noire calomnie ; mais nous nous trompions, et le jour est venu où il ne nous reste d'autre refuge que notre conscience et celle des honnêtes gens, en attendant le jugement souverain du Père commun des fidèles.

Les calomnies ont du reste porté leurs fruits ; la persécution les a suivies ; la persécution, nous le disons avec

une profonde douleur, venue d'en haut. Il est vrai qu'aucune improbation officielle ni directe ne nous a été com-
muniquée, que ni notre ordinaire, ni aucun des autres
évêques de France, n'ont jugé à propos de publier la cen-
sure d'une seule de nos doctrines ; que nous attendions en
vain, pour savoir quel parti prendre, un témoignage pater-
nel des sentiments dont le sourd retentissement nous par-
venoit de tous côtés. *Un seul* évêque a manifesté d'une
manière confidentielle à l'un d'entre nous son improbation, et encore n'est-il entré, malgré nos instances,
dans aucune explication. Cependant nous étions marqués
au sceau d'une réprobation inouïe, nous et nos parti-
sans ; des sévices qui pouvoient difficilement nous attein-
dre ont été exercés sur eux. Les destitutions les plus
étranges ont été prononcées contre des prêtres connus par
la pureté de leurs mœurs, leur popularité auprès des fidèles, et la profondeur de leur instruction. L'expulsion
prononcée contre les professeurs des séminaires qui
avoient le malheur d'enseigner une doctrine qu'ils
croient celle de Rome, et que deux Papes ont couronnée
des plus brillants éloges ; le refus des ordres sacrés infligé
aux séminaristes *suspects* de partager cette doctrine ; quel-
quefois même *l'interdiction ipso facto* prononcée contre
nos abonnés ecclésiastiques ; enfin nos œuvres de charité
mêmes frappées de réprobation, et des précautions prises
contre la bienfaisance, pour peu qu'elle s'exerçât par nos
pauvres mains : telles sont, sans parler de deux mandements et de circulaires mystérieuses qui attaquoient
vaguement nos doctrines, sans qu'aucune proposition
fût spécifiée, les mesures de rigueur qu'ont cru devoir
employer contre nous, non pas la majorité des évêques
de France, ce qu'à Dieu ne plaise, mais quelques uns
de ces vénérables pasteurs, trompés sans doute sur notre
compte par de faux rapports, et pour lesquels rien n'ébran-

lera du reste notre respectueuse affection. Seulement nous
avons lieu de déplorer que leurs rigueurs, en épargnant
des journaux qui exploitent nos doctrines au profit d'une
opinion politique, ne soient dirigées, par un privilége
spécial , que contre nous, qui n'avons pas, comme eux,
associé d'une manière indissoluble les destinées éternelles
de l'Eglise de Dieu et celles d'une dynastie d'hommes.
Seulement il devoit nous être permis de déplorer amè-
rement que quelques évêques se prêtassent à seconder les
vues d'un pouvoir athée qui nous poursuit à outrance
parce qu'il nous a trouvés sur son chemin aux portes des
églises qu'il profanoit et des monastères qu'il pilloit.

Nous ne dirons pas ici quelles ont été notre surprise
et notre affliction à mesure que ces funestes nouvelles nous
sont arrivées. Notre surprise : car vraiment lorsque nous
songions combien de fois nous nous sommes trouvés seuls et
sans rivaux quelconques sur la brèche ; lorsque nous songions que les prétendus défenseurs de cette Eglise n'avoient
fait foule autour de nous que pour nous insulter et nous
calomnier, nous nous étonnions de cette réprobation dont
nous avions le privilége. Notre affliction : quoique nous
l'ayons tue, et quoique nous puissions nous rendre ce témoignage que pendant que notre cœur étoit navré, pas
un mot n'a trahi des émotions trop justes, ni révélé une
à une des injures dont le bruit eût été grand si nous l'a-
vions voulu.

Nous venons d'exposer avec franchise notre position. Il
s'agit maintenant de prendre un parti qui convienne à
la fois à notre caractère et à nos devoirs.

La publication de *l'Avenir* sera suspendue à dater de
ce jour, jusqu'à celui où il aura plu au souverain Pontife
de s'expliquer sur l'ensemble de nos travaux, que nous
lui avons soumis dans la profonde humilité de notre esprit et l'ardent amour de notre cœur, S'il nous con-

damne, nous serons heureux de pouvoir nous justifier par notre obéissance encore plus que nous ne le serions par une approbation entière.

Pour accélérer autant qu'il dépendra de nous le moment si désiré qui calmera toutes les consciences, trois d'entre nous partiront immédiatement pour Rome, où ils provoqueront et recueilleront notre sentence. Nos trois représentants seront MM. l'abbé F. de La Mennais, l'abbé H. Lacordaire et le comte de Montalembert.

Nous sommes condamnés, dit-on, à Rome; eh bien ! c'est à Rome que nous irons entendre notre arrêt, prosternés devant la Chaire de S. Pierre.

Nous prévoyons d'avance les interprétations auxquelles va donner lieu cette démarche. Mais nous espérons qu'il se trouvera quelques catholiques qui n'y verront que ce que nous y voyons nous-mêmes, c'est à dire un acte de foi sincère.

Nous savons aussi quel cri de joie va saluer ce qu'on appellera notre chute, et combien, dès demain, on profitera du silence que nous nous imposons volontairement. Nous entendons déjà ce concert de félicitations qui va s'élever de quatre camps différents : l'un où l'on établira une nouvelle argumentation pour prouver que le juste-milieu est immortel et M. de Montalivet infaillible; l'autre où l'on battra des mains à la disparition d'un ennemi redoutable des destructeurs de croix; un troisième où l'on reconnoîtra un arrêt du Ciel qui confond dans la ruine commune des Belges et des Polonais les insolents critiques de l'indissoluble union entre le trône et l'autel ; un quatrième enfin où l'on chantera un *Te Deum* en l'honneur de la religion de Louis XIV et de Bossuet, et où l'on tressaillera d'une grande joie en songeant aux belles doctrines que l'on va pouvoir prôner sans réplique, nonobstant qu'elles aient été *cassées, improuvées, annulées* par une longue suite de pontifes.

Peut-être, du reste, avant que leur joie soit finie, aurons nous eu le loisir de reparoître devant eux. Car ce que nous tenons beaucoup à faire comprendre à nos ennemis comme à nos amis, c'est que nous n'entendons nullement finir aujourd'hui notre carrière, mais uniquement la suspendre. *L'Avenir* a les moyens matériels de prolonger long-temps encore son existence. Si sa publication est interrompue jusqu'à ce que nous puissions la reprendre avec l'assentiment du saint Père, c'est pour apprendre au monde ce que c'est que la foi des vrais catholiques, et pour dérober nos amis aux cruelles persécutions qui les atteindroient jusqu'au moment d'une décision souveraine.

Une fois cette décision obtenue, et si, comme nous le croyons fermement, elle reconnoît qu'il n'y a rien de condamnable dans nos efforts et nos doctrines, *l'Avenir* recommencera la lutte où il n'a point été vaincu.

Mais avant de rentrer ainsi pour un temps dans le silence, qu'il nous soit permis d'adresser un mot d'affection et de gratitude à ceux qui ont marché avec nous dans la voie des épreuves, à ceux dont le cœur a toujours été près du nôtre dans ces mauvais jours, à ceux sur qui nous avons malgré nous, et long-temps, à notre insu, appelé la persécution et la douleur. O nos amis! nous savons de qu'elle tristesse ces paroles d'adieu vont remplir vos ames, nous savons quel vide peut-être nous laisserons dans votre vie; mais fussions-nous séparés pour toujours, notre tombeau seroit un tombeau chrétien, un tombeau où la vie se retrouve, et se retrouve bientôt. Du reste, encore une fois, que l'espérance vive dans vos cœurs comme dans les nôtres; que votre ame se repose sur cette parole que nous avons prise pour titre et pour emblème : *l'avenir.* Ce seul mot contient tant de force et tant d'espérances ! Priez donc pour nous, amis, pendant que nous cheminerons humblement vers la ville éternelle : que votre douce mémoire nous suive là où nous allons non pas fuir la défaite, mais chercher la victoire !

Il y a huit siècles, Philippe-Auguste, égaré par la violence de ses passions, résolut de répudier une reine à laquelle il avoit toujours refusé les droits d'épouse. Ingerburge de Danemarck comparut devant un concile, moitié laïc, moitié ecclésiastique, et on lui communiqua la sentence qui la dépouilloit de sa couronne. La pauvre vierge du nord ne comprenoit point la langue franque, la langue de ses oppresseurs, mais quand on lui eut fait entendre par signes quelle étoit sa destinée, elle poussa trois fois un cri qui est de toutes les langues et dans tous les cœurs, *Rome ! Rome ! Rome !*

On la reconduisit dans son cachot. Mais son cri avoit traversé les monts, et l'écho de la ville éternelle l'avoit répété. Célestin III, et après lui Innocent III, occupoient à cette époque la Chaire de Pierre ; le divorce fut cassé, le concile servile censuré, le royaume placé sous interdit jusqu'à ce qu'Ingerburge fût remontée sur le trône de France (1).

Et nous aussi nous poussons le cri immortel. Le successeur d'Innocent III siége au Vatican.

Encore un mot. Nous disions, il y a un an, dans un article qui eut la gloire d'attirer sur nous les premiers sévices du pouvoir : *Nous faisons dès aujourd'hui cette protestation. . . . . . . Nous la porterons pieds nus, s'il le faut, à la ville des Apôtres, aux marches de la confes-*

---

(1) Duchesne, *de legato misso.*

sion de saint Pierre , et on verra qui arrêtera sur la route les pélerins de Dieu et de la liberté.

Les pélerins vont partir. Que Dieu les garde!

Paris, ce 15 novembre 1831.

Les membres du comité de rédaction de l'Avenir,

F. DE LA MENNAIS , prêtre ; PH. GERBET , prêtre ;
H. LACORDAIRE, prêtre ; C. DE COUX ; comte CH.
DE MONTALEMBERT, *pair de France ;* DAGUERRE ;
E. D'AULT-DUMESNIL ; WAILLE.

ACTE D'UNION

PROPOSÉ A TOUS CEUX QUI , MALGRÉ LE MEURTRE DE LA PO-
LOGNE , LE DÉMEMBREMENT DE LA BELGIQUE, ET LA CON-
DUITE DES GOUVERNEMENTS QUI SE DISENT LIBÉRAUX ,
ESPÈRENT ENCORE EN LA LIBERTÉ DU MONDE ET VEULENT Y
TRAVAILLER.

Préambule.

Quoique le catholicisme constitue une parfaite unité religieuse, certaines nations catholiques peuvent se trouver,
par rapport à la défense de leurs droits religieux et des
libertés politiques qui en sont inséparables, dans une position différente de celle où se trouvent d'autres nations
catholiques. Cela arrive surtout à l'époque de ces grandes
crises, où une partie du monde restant sous l'empire
d'anciennes institutions, l'autre partie est entrée dans
un nouvel état social. Telle est la position des catholiques
en Irlande, en France, en Belgique et dans certaines
contrées de l'Allemagne, en un mot dans tous les pays où
le régime constitutionnel a pris racine. Cette situation
nouvelle crée entre eux des rapports qui fournissent eux-
mêmes les fondements d'une alliance dont précédemment
on n'avoit pas vu d'exemple.

Sous le régime constitutionnel, en effet, le développement
de la liberté dépend du concours actif et perpétuel de tous
les citoyens ; et comme les libertés religieuses et politiques, dans ce qu'elles ont de fondamental, également
voulues par tous ces peuples, sont indépendantes des
discussions locales et des différentes formes du gouvernement représentatif, dès lors la même raison qui fait
qu'il s'organise dans chaque pays un système de défense de tous les droits consacrés par sa constitution particulière, doit conduire aussi à établir entre les peuples
eux-mêmes, au degré où cela est possible, un vaste concert d'efforts pour défendre, avec la liberté religieuse,
toutes ces hautes et nobles franchises qui sont la patrie
commune des peuples libres.

Les catholiques sont appelés à donner au monde le
modèle de ce nouveau genre d'association, qui sera un
véritable progrès de l'humanité. Ils y sont appelés à raison
même du principe infini d'union que leur religion renferme, à raison du caractère propre du catholicisme, qui,
n'ayant rien de local, constitue déjà une grande fédéra-
tion morale des peuples. C'est à eux qu'il appartient de
guider les développements de la liberté ; car, d'une part,
plus que tous les autres, ils ont besoin d'elle, et l'on voit
en effet, par tout ce qui se passe en Europe, que là où
l'Eglise est opprimée, on ne reconquiert la liberté religieuse qu'à l aide des libertés politiques. Mais d'une autre
part il est visible aussi que la liberté a besoin et grand
besoin des catholiques. Partout où elle s'est séparée de ces
croyances qui forment le lien des esprits, de ces éternels
principes d'ordre et de vie dont le catholicisme conserve
invariablement la tradition, et qui, hors de lui, succombent
sous les coups du scepticisme irréligieux, d'effroyables dé-
sordres ont signalé son passage, ou plutôt elle n'a été
qu'un mensonge ignoble ou sanglant. De là cette défiance,

cet effroi que son nom inspire à des populations nombreuses, et qui arrête, plus que toute autre cause peut-être, ses progrès. La liberté ne triomphera et ne s'affermira qu'en se développant dans le sein de l'ordre. Leur union, voilà le magnifique but que Dieu montre aux catholiques dans un avenir qu'il dépend d'eux de rapprocher. Essentiellement attachés à l'ordre, de toute la force de leurs croyances, c'est chez eux aussi que le sentiment de la liberté se ranime avec le plus de sincérité, de pureté et d'énergie : ils viennent d'en donner à l'Europe d'illustres preuves. Qu'ils aient donc foi dans leur mission au dix-neuvième siècle, il n'en fut jamais de plus auguste. Dans ce travail de régénération, qui imprime à l'époque présente un caractère si solennel, ils sont destinés à former comme le noyau du genre humain s'efforçant de se reconstituer sur les deux bases de la liberté et de l'ordre, et l'*acte d'union* par lequel les catholiques irlandais et anglais, belges, allemands, français, que ne pouvons-nous dire polonais! déclareront, à la face de l'univers, leur ferme résolution de se dévouer au triomphe de cette cause, sera le signal de quelque chose de grand sur la terre.

Cette union doit en effet reposer sur une déclaration politique qui renferme les bases de la liberté commune. Tout ce qui peut varier d'un peuple à l'autre, selon son état particulier, reste nécessairement en dehors de cette alliance. En les réunissant pour la défense d'intérêts d'un ordre supérieur, elle doit laisser les citoyens de chaque pays parfaitement libres dans la sphère de leurs intérêts purement nationaux, auxquels elle fournira d'ailleurs, en ce qu'ils peuvent avoir d'analogue, un nouveau point d'appui. Soustraire à l'intervention de la force tout ce qu'il y a de spirituel dans la société, et favoriser graduellement et sans secousse la tendance générale de la société à administrer elle-même ses intérêts matériels, tel est le but de *l'Union*. Que les catholiques, citoyens des Etats constitutionnels, se placent à la tête du mouvement progressif de la société, en adoptant une déclaration qui consacre toutes ces franchises; qu'ils établissent des centres de correspondance, plus ou moins nombreux selon les localités, pour la faire circuler dans les villes, dans les plus humbles villages, car elle sera partout comprise, bénie partout, et le pauvre paysan catholique a aussi un cœur qu'un vif sentiment de l'oppression morale fait battre pour la liberté ; qu'elle soit couverte de milliers d'adhésions, aux acclamations de quiconque a une raison élevée et une ame généreuse ; que ces énergiques protestations de la conscience humaine, se répondant les unes aux autres des rives de la Seine au fond de l'Allemagne, et des plaines de la Belgique aux mers de l'Irlande, retentissent comme une seule voix, comme le plus pur, le plus vaste cri de liberté que la terre ait entendu : oui, quelque chose sortira de là pour le salut du monde.

Mais lors même que cette explosion sublime n'auroit pas lieu incessamment, il n'en seroit pas moins nécessaire de jeter à tous les partis cet *acte d'union*, et comme un défi, ou comme un appel. Toute grande alliance commence par quelque chose de ce genre : le temps fait le reste, et l'art de maîtriser l'avenir consiste à rallier les esprits à un petit nombre de vérités nécessaires auxquelles une époque appartient. On disputera long-temps encore sur les différentes formes de gouvernement; nous verrons des constitutions passer avec ignominie, comme des ombres souillées d'un parjure. Mais il y a quelque chose de plus constituant que les constitutions, et le jour où ces franchises qui sont la Charte des chartes, au lieu d'être seulement proclamées, seront devenues effectives, ce jour commencera l'ère de la régéné-

ration sociale. Nous présentons à tous les amis de la liberté cette grande Charte du siècle, autour de laquelle
ils pourront, quelles que soient les destinées de toutes les
autres, se rallier dans toutes les catastrophes politiques,
pour marcher tous ensemble vers un avenir hospitalier :
comme les anciens peuples, quand leurs foyers domesti-
ques étoient envahis, emportoient l'image des dieux, et
cherchoient, sous leurs auspices, une terre qui fût enfin
une patrie.

Cette union sera, sous un autre rapport aussi, le com-
mencement d'une ère nouvelle. Tant que les peuples n'ont
été unis que par les liens de la diplomatie, la justice a été
presque habituellement subordonnée à la force, et leurs
intérêts moraux sacrifiés aux intérêts matériels des cabinets. Pour sortir de cet état, il faut que des liens d'un autre genre se forment. Aux rivalités des cabinets doit suc-
céder la fraternité des nations. Il y a autre chose, dans la
société, que les diplômes des ambassadeurs; il y a l'opinion, la conscience, la volonté commune des populations. Elle peut, elle doit se produire par des *actes d'u-
nion*, qui seront comme les notes diplomatiques par les-
quelles elle interviendra aussi dans les affaires de ce
monde. Cette alliance morale, avec les relations qui en dé-
riveront nécessairement, amènera des changements heureux dans ce droit public défiant et jaloux qui a présidé
depuis long-temps aux rapports de peuple à peuple, et
contribuera à y substituer, par une réforme graduelle,
ce système de liberté, si favorable aux développements
du commerce et de l'industrie. Tel est le but vers lequel
l'Europe tend, et il sera à jamais glorieux aux catholiques
d'avoir favorisé aussi, à cet égard, par un grand acte et
un grand exemple, le progrès de l'humanité.

Car qu'on ne se méprenne pas sur le caractère et
l'objet de cette déclaration. Les catholiques commen-

cent par la signer entre eux, parce qu'ils se connois-
sent, parce que la foi qui les unit déjà par des liens si
étroits et si intimes prépare naturellement les voies à leur
rapide union dans le sein de la liberté. Mais en donnant le
signal de cette union politique, ils ne songent point à la ren-
fermer dans les limites de leurs croyances religieuses. Toute alliance exclusive seroit à leurs yeux une contradiction
et un crime. Les droits qu'ils défendent sont, dans chaque Etat constitutionnel, les droits publics de tous leurs
concitoyens : en combattant pour cette cause, ils se con-
fondent avec le parti véritablement national. Les mêmes
droits forment comme la Charte suprême, autour de laquelle se réunissent, au-dessus de tous les dissentiments
nationaux, les vœux et les serments de tous ces peuples.
La cause particulière des catholiques n'est donc que la
cause générale. Leur premier désir, c'est que le nombre de
ses défenseurs s'accroisse de plus en plus, et qu'ils mul-
tiplient leurs forces en s'unissant. Les catholiques appel-
lent donc à eux quiconque veut ce qu'ils veulent. Ils ou-
vrent les rangs de leur alliance à tout honnête homme
qui leur donne sa parole en recevant la leur, quelles
que soient ses opinions religieuses. La seule chose qui
nous distingue de ceux qui, désirant sincèrement, comme
nous, le maintien des droits communs, les isolent, plus
ou moins, dans leur esprit, de toute idée religieuse, c'est
que nous apportons dans ces engagements réciproques
une garantie de plus; c'est que la liberté n'est pas seulement pour nous une chose bonne, humainement juste,
mais une chose sainte et divine, c'est que nous adorons ce
qu'ils vénèrent, et qu'en serrant, comme eux, la main de
nos alliés au nom de la loyauté et de l'honneur, nous la
serrons aussi au nom de Dieu. Si le préambule de *l'acte
d'union* s'adresse particulièrement aux catholiques, *l'acte
d'union* lui-même est conçu de telle sorte que tout

vrai partisan de la liberté égale pour tous peut le signer comme nous, sans distinction de croyances et de
cultes. La réorganisation sociale dépend du concert qui
s'établira entre les gens de bien, qui ont, par rapport à
la société actuelle, une même notion de la liberté prati-
que, et qu'un même amour de la justice réunit. Ils sont
naturellement alliés dans l'ordre politique, bien qu'ils
puissent être divisés de sentiments dans un autre ordre ;
et tous les parleurs de liberté, qui couvrent d'un beau
nom leur instinct de tyrannie, sont leurs vrais ennemis
politiques, quoiqu'ils puissent s'accorder avec eux sur
d'autres points. Il faut s'appuyer sur cette base. Toutes
les distinctions de partis, fondées sur une base différente,
sont factices et mensongères : elles ne tiendront pas. Les
libéraux hypocrites et les libéraux sincères se reconnoî-
tront, un grand discernement se fera, et, après ce jugement dernier des partis, force demeurera bientôt à justice, et le jour luira enfin où, les droits de chacun étant
respectés par tous, il ne restera de nos sanglantes discor-
des que ces combats pacifiques de l'intelligence, qui, pré-
parant le triomphe de la vérité dans tous les esprits librement ramenés sous ses lois, se termineront par la seule
victoire où il n'y ait pas de vaincus.

Catholiques, notre devoir est de hâter cette époque :
fussions-nous seuls, nous le remplirons. Nous sommes
mûrs pour la liberté, nous en sommes dignes, car nous
avons déjà souffert beaucoup pour elle, et beaucoup fait
pour la paix du monde. Nous pouvons présenter au Ciel
et à la terre et le long holocauste de l'Irlande, et la piété
de la liberté belge pure comme une prière, et le tombeau
de cette héroïque Pologne, où ce cri : *la liberté sous les
auspices de la religion*, retentissoit comme un chant de
guerre dans les temples et comme un hymne dans le-
camps : nation martyre, dont la gloire sera aussi ineffa

çable dans la mémoire de Dieu et des hommes que les ta-
ches de son sang sur la pourpre des rois. Les anciens
peuples ne signoient leurs traités qu'à l'ombre d'un autel
où couloit le sang du sacrifice. Nous avons eu nos grandes victimes : notre *acte d'union* est consacré.

ACTE D'UNION.

Nous reconnoissons les principes suivants comme for-
mant la base de tout gouvernement constitutionnel qui
n'est point fictif :

I.

La partie spirituelle de la société doit être affranchie
complètement de l'intervention du pouvoir politique. En
conséquence :

1° La liberté de conscience et de culte doit être entière, de telle sorte que le pouvoir ne s'immisce, en
aucune manière et sous aucun prétexte, dans l'enseignement, la discipline et les cérémonies d'un culte.

2° La liberté de la presse ne peut être entravée par
aucune mesure préventive, sous quelque forme que cette
mesure se produise.

3° La liberté d'éducation doit être aussi complète que la
liberté des cultes, dont elle fait essentiellement partie, et
que la liberté de la presse, puisqu'elle n'est, comme celle-
ci, qu'une forme de la liberté même de l'intelligence et
de la manifestation des opinions.

4° La liberté d'associations intellectuelles, morales, in-
dustrielles repose sur les mêmes principes, et doit être
sacrée aux mêmes titres.

Relativement à chacune de ces libertés, le droit et le
devoir du pouvoir constitutionnel consistent uniquement
à réprimer les crimes et délits qui attenteroient matériel-

lement soit à la jouissance, entière et égale pour tous, de
ces mêmes libertés, soit à quelque autre droit civil ou
politique des citoyens.

II.

Par cela même que la partie spirituelle de la société
doit être affranchie complètement, l'action du pouvoir
constitutionnel ne peut s'exercer que dans l'ordre des intérêts matériels, et dans cet ordre nous admettons qu'il
faut tendre à un état de choses dans lequel toutes les affaires locales seront librement administrées en commun par ceux qui y sont intéressés, sous la protection
du pouvoir destiné dès lors uniquement, quelle qu'en
soit la forme, à maintenir l'unité politique, l'harmo-
nie entre les diverses administrations particulières, à
pourvoir aux intérêts généraux et à la défense extérieure
de l'Etat.

III.

Et comme la société, dont la justice est la base, ne
peut faire des progrès réels que par un plus grand développement, une application plus étendue de la loi de
justice et de charité, nous admettons que l'on doit aussi
tendre incessamment à élever l'intelligence, et amélio-
rer la condition matérielle des classes inférieures pour
les faire participer de plus en plus aux avantages
sociaux.

Nous nous engageons à concourir de tout notre pouvoir à la défense de ces principes constitutionnels, et au
maintien des libertés ci-dessus énoncées ; à user de nos
droits civils et politiques dans ce but, nous promettant
réciproquement, à cet égard, aide et secours par tous les
moyens légaux, et adhérant, avec une résolution ferme,

au présent *acte d'union*. En foi de quoi nous y avons ap posé notre signature.

Les membres du comité de rédaction de l'Avenir,

F. DE LA MENNAIS, prêtre; PH. GERBET, prêtre;
H. LACORDAIRE, prêtre; C. DE COUX; comte
CH. DE MONTALEMBERT, *pair de France;*
DAGUERRE; E. D'AULT-DUMESNIL; WAILLE.

DÉCISION DES ACTIONNAIRES DE L'AVENIR.

Une réunion des actionnaires de *l'Avenir* a eu lieu le 11 de ce mois. Les actionnaires maintenant à Paris, étoient présents, et la majorité des autre actionnaires y assistoient par leurs fondés de pouvoir, tous membres du conseil de rédaction.

L'administrateur a fait connoître la position matérielle du journal, et montré que sans nouvel appel de fonds, avec ceux aujourd'hui à la disposition de l'entreprise, elle pouvoit être continuée pendant plusieurs mois. Ensuite un des membres du conseil de rédaction a exposé à MM. les actionnaires présents le motif de cette convocation extraordinaire.

Après avoir dit le zèle des amis du journal et les immenses ressources que présenteroit au besoin leur dévouement, il a fidèlement retracé l'animosité de nos adversaires, animosité que grandit naturellement le progrès de nos doctrines. Il n'a omis aucun des faits venus récemment à la connoissance du conseil, faits qui paroissent indiquer clairement l'impossibilité de triompher de tant d'obstacles aussi long-temps que la malveillance pourra jeter le moindre nuage sur notre soumission pleine, entière, sans réserve aux décrets du Saint-Siége. Enfin il a conclu en proposant au nom de ses collaborateurs de suspendre temporairement la publication du journal et en annonçant que trois membres du conseil, MM. l'abbé de La Mennais, l'abbé Lacordaire et le comte de Montalembert, iroient alors solliciter à Rome une décision.

MM. les actionnaires écartant toute question d'intérêt matériel, ont reconnu à l'unanimité que la suspension proposée étoit impérieusement réclamée par l'intérêt bien plus cher à leurs yeux des doctrines que défend *l'Avenir*. Autant le succès de ces doctrines leur semble assuré lorsque Rome aura parlé, autant il leur a paru peu nécessaire de prolonger une lutte dorénavant inutile tant que le juge suprême n'aura point prononcé. Le résultat de leur délibération à laquelle ont accédé les membres du conseil de rédaction comme mandataires de la majorité des actionnaires absents, a donc été de suspendre le journal pendant le voyage de MM. de La Mennais, Lacordaire et de Montalembert. Immédiatement après leur retour, la publication de *l'Avenir* sera reprise, à moins que le seul tribunal de la terre qui soit infaillible n'en décide autrement. Si l'assemblée a prévu la possibilité d'une improbation, c'est afin d'ôter à la calomnie une de ses armes. Qu'elle le sache bien : nos collaborateurs vont demander une sentence au souverain Pontife, et si la sentence leur étoit contraire, au lieu de croire comme aujourd'hui qu'ils ont raison, ils auroient alors la certitude qu'ils s'étoient involontairement égarés.

Afin de conserver intacts les capitaux appartenant à *l'Avenir*, MM. les actionnaires ont nommé deux nouveaux commissaires qui, conjointement avec les deux actionnaires déjà chargés de surveiller l'administration, solderont, avec les fonds en caisse, le passif du journal, et tiendront le reliquat de ces mêmes fonds ainsi que ceux dont ils feront le recouvrement à la disposition des actionnaires.

En attendant que *l'Avenir* puisse reparoître, MM. les abonnés recevront un exemplaire de chaque bulletin publié par l'*Agence pour la défense de la liberté religieuse*, et quand le journal reparoîtra, il leur sera adressé comme s'il n'y avoit point eu d'interruption dans son service.

AVIS

A MM. LES ASSOCIÉS-DONATEURS DE L'AGENCE GÉNÉRALE POUR LA DÉFENSE DE LA LIBERTÉ RELIGIEUSE.

La suspension de *l'Avenir* ne change rien à la position de l'*Agence générale*. Elle perd, il est vrai, dans ce journal un organe fidèle et quotidien, mais elle puisera dans cette privation provisoire un nouveau motif pour redoubler de zèle dans l'accomplissement de sa mission, et notamment dans la poursuite des diverses affaires qu'elle a commencées. Investie de la confiance d'un nombre toujours croissant d'associés-donateurs, elle leur promet un courage sans bornes et une confiance qui ne démentira pas son passé.

Pour remédier à l'absence d'un moyen de publicité aussi puissant que celui d'un journal quotidien, l'*Agence générale* aura recours à des bulletins qui seront expédiés de temps à autre à tous ses associés-donateurs ainsi qu'aux abonnés de *l'Avenir*. Ces bulletins contiendront un récit complet des opérations de l'Agence, des procès qu'elle aura soutenus pendant les intervalles d'un bulletin à l'autre; ils renfermeront en outre les pièces, les nouvelles et les faits dont la publication aura été jugée nécessaire

par le conseil de l'Agence. Le premier de ces bulletins paroîtra avant qu'un mois se soit écoulé, et renfermera
l'article intitulé *Suspension de* l'Avenir, avec les diverses
pièces qui l'accompagnent, ainsi que les actions de grâces
solennelles des évêques d'Irlande, etc.

Un autre bulletin contiendra tous les détails du procès
des Trappistes de Melleray, et paroîtra dès que ce procès
sera terminé.

Un troisième sera le résumé complet des actes solen-
nels du Saint-Siége et de divers évêques du monde catholique contre les doctrines dites *gallicanes,* et notamment
les bulles des papes Innocent XI, Alexandre VIII et Pie
VI. Les matériaux en seront envoyés de Rome.

Pendant le séjour de MM. de La Mennais, Lacordaire
et de Montalembert à Rome, le conseil de l'Agence sera
présidé par M. l'abbé Gerbet. L'adjonction des deux nouveaux membres du conseil, MM. Ed. d'Ault-Dumesnil et
l'abbé Combalot, vicaire-général de Rouen, permettra à
l'Agence de mettre dans ses opérations autant d'activité
et d'étendue que par le passé.

Le procès des Trappistes sera poursuivi à outrance,
quels que soient les tribunaux devant lesquels il faille
traîner le pouvoir et ses agents. La France sait déjà par
quelle persévérance nous avons réduit le pouvoir à endu-
rer dans le procès de *l'Ecole libre* la publicité qu'il
fuyôit. Elle verra que nous ne sommes pas infidèles à nos
habitudes. Un membre de l'Agence générale va partir très
incessamment ponr Nantes et Châteaubriand, afin de
coopérer avec Me Janvier au succès de ce procès vraiment catholique, tandis que des députés indépendants
réclameront justice à la tribune nationale contre le premier auteur du crime.

Les progrès de la liberté d'enseignement ne seront pas

davantage négligés par le conseil de l'Agence : elle sou-
tiendra par ses conseils, par les avis de ses avocats , et.
autant que ses foibles moyens le lui permettront, par des
secours pécuniaires, les écoles libres qui , à l'instar de la
sienne, ont été ouvertes ou sont au moment de l'être, à
Colmar, à Laffitte, à Grenoble, à Lyon, à Digne, à l'Ile
d'Alby.

Le pourvoi des fondateurs de l'Ecole libre de cette dernière ville, privés de leurs juges naturels, ceux de M. le
marquis de Narp, et autres, auprès de la cour suprême, seront poursuivis avec toute l'attention qu'ils méritent par
le zèle généreux de Mᵉ Mandaroux-Vertamy, avocat de
l'*Agence* à la Cour de cassation.

Les relations de l'*Agence* avec l'Association Lyonnaise
et toutes celles qui se forment à son instar deviendront
chaque jour plus intimes.

Enfin toutes les réclamations, toutes les plaintes des ecclésiastiques ou des simples fidèles seront accueillies avec
le plus vif empressement, livrées aussi promptement que
possible à la publicité, et suivies des démarches les plus
énergiques et les plus constantes pour les rendre utiles et
efficaces.

Le renouvellement des donations devra se faire depuis le 1ᵉʳ janvier jusqu'au 1ᵉʳ mai 1832. Tout donateur
qui n'auroit pas renouvelé à cette dernière époque sera
censé avoir renoncé à cette qualité.

La correspondance sera l'objet d'un soin spécial pour
que ceux des diocèses confiés aux deux agents généraux
qui vont partir pour Rome n'aient point à souffrir de
leur absence. M. l'abbé Lacordaire sera remplacé pro-
visoirement par M. d'Ault-Dumesnil, et M. le comte de
Montalembert par M. l'abbé Combalot. La correspon-

dance demeurera donc définitivement répartie ainsi qu'il suit :

<table>
<tr><td>DIOCÈSES :</td><td>Agents géné-
raux corres-
pondants :</td></tr>
<tr><td>Angers, Blois, Bourges, Chartres, Le Mans, Limoges, Luçon, Moulins, Nantes, Nevers, Orléans, Quimper, Rennes, St-Brieuc, Sens, Tours, Tulle, Vannes.</td><td>M. DE COUX.</td></tr>
<tr><td>Amiens, Arras, Autun, Ajaccio, Bayeux, Belley, Besançon, Cambrai, Châlons, Clermont, Coutances, Dijon, Evreux, Langres, Meaux, Mende, Metz, Nancy, Paris, Le Puy, Reims, Rouen, Saint-Claude, Saint-Diez, Saint-Flour, Séez, Soissons, Troyes, Verdun, Versailles.</td><td>M. l'abbé LACORDAIRE, remplacé provisoirement par M. E. D'AULT-DUMESNIL.</td></tr>
<tr><td>Aix, Agen, Aire, Alby, Angoulême, Avignon, Auch, Bayonne, Beauvais, Bordeaux, Cahors, Carcassonne, Digne, Fréjus, Gap, Grenoble, La Rochelle, Lyon, Marseille, Montauban, Montpellier, Nîmes, Pamiers, Périgueux, Perpignan, Poitiers, Rodez, Strasbourg, Tarbes, Toulouse, Valence, Viviers.</td><td>M. le comte DE MONTALEMBERT, remplacé provisoirement par M. l'abbé COMBALOT.</td></tr>
</table>

Paris, le 15 novembre 1831.

Les membres du conseil de l'Agence :

F. DE LA MENNAIS, président ; BAILLY DE SURCY ; C. DE COUX ; PH. GERBET ; H. LACORDAIRE ; comte CH. DE MONTALEMBERT, *pair de France ;* A. DE SALINIS ; E. D'AULT-DUMESNIL ; TH. COMBALOT.

IRLANDE.

Les Rédacteurs de *l'Avenir* ont eu l'honneur d'adresser à Mgr. Kelly, archevêque de Tuam, la lettre suivante :

Monseigneur,

Les remerciements adressés aux catholiques de France par

les vénérables prélats réunis à Athlone, sous la présidence de Votre Grandeur, les ont pénétrés d'une reconnoissance aussi vive que respectueuse. Ils n'ont rempli qu'un devoir en prenant, quelques uns sur leur superflu, beaucoup sur leur nécessaire, les foibles offrandes de leur charité, et le témoignage éclatant de votre gratitude les dédommage au centuple de tous leurs sacrifices.

Mais ces paroles d'une bienveillance si précieuse, vous daignez aussi les adresser aux rédacteurs de *l'Avenir*. Cependant notre seul mérite est d'avoir révélé aux catholiques français la détresse de leurs frères d'Irlande ; car le nom de l'Irlande libre dans sa pauvreté est saint à leurs yeux. Ils savent ses souffrances et ses combats, sa foi et ses douleurs, sa lutte de six siècles contre la tyrannie et les victoires de sa liberté. Opprimés comme elle le fut si long-temps, et aspirant à la jouissance des droits qu'elle a si glorieusement conquis, ils se sont aisément émus de sa misère. Et d'ailleurs que pouvoient-ils lui offrir qui ne fût l'acquit d'une dette sacrée ? A la voix de son admirable clergé, la première entre les nations catholiques elle est entrée dans la carrière de la liberté, et les franchises qu'ils obtiendront un jour, ils les devront à l'exemple qu'elle leur a donné.

Mais si les rédacteurs de *l'Avenir* avouent qu'ils ont peu de droits à la reconnoissance de Votre Grandeur et de ses vénérables suffragants, votre approbation ne leur en est que plus chère, et ils l'acceptent comme un bienfait de la Providence. En effet, jamais ils n'eurent plus besoin de consolation qu'aujourd'hui. Abreuvés d'autant de dégoûts que si l'alliance de Dieu avec la Liberté, cette alliance si catholique en Irlande, cessoit de l'être en France, ils suspendent temporairement la publication de leur journal pour la reprendre quand le Père commun des fidèles aura reconnu la pureté de leur foi, ou pour y renoncer enfin si à leur insu ils étoient sortis de la voie catholique. Trois d'entre eux s'apprêtent à porter l'hommage d'une ardente soumission aux pieds du Pontife suprême, et leurs voix humbles et suppliantes lui demanderont justice contre leurs propres erreurs ou celles de leurs accusateurs. Puissent les prières et la bénédiction des évêques de l'Irlande les protéger pendant la durée de leur voyage !

Nous avons l'honneur d'être, avec le plus profond respect,

Monseigneur,

De Votre Grandeur

Les très humbles et très obéissants serviteurs.

(*Suivent les signatures.*)

Paris, le 15 novembre 1831.

⸺⸺⸺

Les catholiques ont commencé, depuis un an, un grand combat, qui finira, s'ils persévèrent, par le plus beau triomphe qui ait jamais été accordé à des efforts humains. Le monde leur devra la liberté, non pas cette liberté menteuse et destructive qu'on suit à la trace du sang, et qui, après d'horribles dévastations, aboutit à planter un sabre sur des ruines ; mais une liberté réelle, fondée sur le respect des droits, inséparable de l'ordre, pure comme le Ciel où elle recevra son dernier développement, sainte comme Dieu, qui en a gravé l'ineffaçable désir dans le cœur de l'homme. Alors, et alors seulement, le christianisme, dégagé des nuages qui le voilent, apparoîtra de nouveau à l'horizon de la société comme l'astre qui l'éclaire, l'échauffe, la vivifie, et les peuples, tournant vers lui leurs regards, accompagneront sa course magnifique de leurs chants de joie et des hymnes sans cesse renaissants de leur amour. Car, il ne faut pas s'y méprendre, si la foi languit, si la religion n'inspire à plusieurs qu'un superbe dédain, ou une pitié amère, c'est que là où les gouvernements la tiennent sous leur dépendance, elle a perdu dans la servitude son caractère natif de grandeur et tout ensemble cette fécondité qui, s'épanchant en bienfaits inépuisables, suivoit, en quelque sorte, dans leurs plus secrètes voies, nos misères pour les réparer ; c'est qu'impuissante à défendre les droits que Jésus-Christ a rendus aux fils d'Adam dégénérés, au lieu de rétablir sur leur front le sceau divin elle semble elle-même, sous les fers qui la dégradent, porter l'empreinte de leur foiblesse et de leur caducité. En la voyant telle qu'ils l'ont faite, ou telle qu'ils ont souffert qu'on la fît, les hommes ont rougi de cette œuvre de l'homme.

Mais, que les catholiques ne l'oublient point, ce n'est pas en un jour qu'ils briseront ces vieilles chaînes. Partout la puissance humaine les serre convulsivement dans sa main, persuadée qu'elle ne peut vivre si la pensée, si la conscience est libre. Mais cette main se lassera ; déjà ses forces s'épuisent : et c'est pourquoi le pouvoir, pressentant la fin de son insolente domination sur ce qui n'a pas été soumis à son empire, tend, si l'on peut le dire, tous ses muscles pour retenir ce qui lui échappe, et perpétuer sa tyrannie par un effort désespéré. De là ce qui se passe en France. Le ministère travaille à réaliser de fait la constitution civile du clergé, en s'y substituant à la place du peuple dans la nomination des évêques et des curés. Il cherche à s'emparer de l'administration temporelle des séminaires, en attendant qu'il en envahisse l'administration spirituelle, par le choix qu'il s'attribuera des directeurs et des professeurs. Et il ne s'arrêtera pas là : M. de Montalivet, dans son ivresse de despotisme, ne se croit-il pas autorisé à désigner les livres de religion dont on devra faire usage dans les écoles primaires du monopole ? Il s'est mis dans la tête qu'en France tous les enfants lui appartenoient, que c'étoit à lui, à lui seul de régler leur foi, de former leur intelligence, afin de les rendre à la patrie purs de toute *superstition*, et l'on sait ce que ce mot signifie dans sa bouche. Les mêmes précautions, n'en doutez pas, seront prises pour tous les degrés de l'enseignement. On remontera jusqu'aux évêques; car il faut aller jusqu'à eux, pour en finir avec la *superstition*. Déjà dépouillés du droit de nommer des vicaires-généraux, des chanoines, des curés qui aient leur confiance, on essaiera de leur dicter leurs mandements, leurs circulaires, leurs lettres pastorales. Esclaves jusque dans l'intérieur même de leurs églises, on les forcera, lorsqu'on le trouvera bon, à les déserter pour faire place à des schismatiques, et puis après les avoir souillées par mesure de police, on leur dira froidement, rentrez, nous vous le permettons. Le ministre prescrira jusqu'aux détails du culte; on priera, ou l'on ne priera pas, à telle heure, ou à telle autre heure, selon qu'il lui plaira de l'ordonner. Que sais-je enfin ? Et je ne dis pas ce qui sera, je dis ce qui est, je raconte ce que la France a sous les yeux, ce qui soulève d'indignation quiconque a un cœur d'homme. Non, non, les catholiques n'accepteront pas le joug infâme qu'on tente de leur imposer; ils briseront, ils broieront cette tyrannie, et dans sa poussière ils planteront la liberté qui sera leur salut et le salut du monde. Trop long-temps ils se sont courbés sous la verge de leurs oppresseurs, trop long-temps ils ont dormi du sommeil de l'esclave : que leur réveil marque dans l'histoire une époque aussi glorieuse, que le règne de leurs tyrans est exécrable et flétrissant pour l'humanité. Lorsque leur voix hardie, puissante, s'élèvera comme la tempête qui frappe les créneaux d'une antique prison, elle pénétrera là où reposent les vieux héros chrétiens, et dans la tombe où ils descendirent usés de travaux et de combats, leurs ossements s'agiteront.

Et nous qui disons ceci, nous qui appelons nos frères, de toute la force de notre amour pour la plus sainte des

causes, à la défense de ce qui leur est, comme à nous, plu
cher mille fois que la vie, est-ce donc que nous délais-
serions cette cause sacrée? Que Dieu nous préserve d'une
telle honte ! Si nous nous retirons un moment, ce n'est
point par lassitude, encore moins par découragement,
c'est pour aller, comme autrefois les soldats d'Israël,
consulter le Seigneur en Silo. On a mis en doute notre foi
et nos intentions mêmes, car, en ce temps-ci, que n'at-
taque-t-on point? Nous quittons un instant le champ de
bataille, pour remplir un autre devoir également pressant.
Le bâton du voyageur à la main, nous nous achemine-
rons vers la Chaire éternelle, et là, prosternés aux pieds
du Pontife que Jésus-Christ a préposé pour guide et
pour maître à ses disciples, nous lui dirons : O Père,
daignez abaisser vos regards sur quelques-uns d'entre les
derniers de vos enfants, qu'on accuse d'être rebelles à
votre infaillible et douce autorité : les voilà devant vous;
lisez dans leur ame, il ne s'y trouve rien qu'ils veuillent
cacher : si une de leurs pensées, une seule, s'éloigne des
vôtres, ils la désavouent, ils l'abjurent. Vous êtes la rè-
gle de leurs doctrines; jamais, non jamais ils n'en con-
nurent d'autre. O Père, prononcez sur eux la parole qui
donne la vie, parce qu'elle donne la lumière , et que votre main s'étende pour bénir leur obéissance et leur
amour !

F. DE LA MENNAIS.